趣读冰雪运动
系列丛书

赵 真 主编

U0319516

越野滑轮

化学工业出版社
· 北京 ·

内容简介

　　本书通过通俗易懂的方式，介绍了越野滑轮的滑行技术、装备与场地、安全防护等必要的知识点。同时，纵向追根溯源，介绍越野滑轮的前缘今生；横向涉及与越野滑轮相关联的多个项目，让读者对越野滑轮有快速、全面、立体的了解。书中诠释了越野滑轮对青少年五种能力的培养，并穿插了相关励志故事，用以阐发"以体育人""以体育心"的深刻内涵。

　　本书设置了卡通形象，以一问一答、趣味体验的方式介绍越野滑轮，并加入了大量的插画、专业运动员技术示范图解，以及对应的滑行视频、冠军现场教学视频等内容，让广大初学者可以轻松阅读、快速理解。

图书在版编目（CIP）数据

　　越野滑轮/赵真主编． —北京：化学工业出版社，2024.5

　　ISBN 978-7-122-45280-1

　　Ⅰ．①越… Ⅱ．①赵… Ⅲ．①青少年-滑轮滑冰-基本知识 Ⅳ．①G862.8

　　中国国家版本馆CIP数据核字（2024）第057398号

责任编辑：梁静丽　张　阳　　　　　文字编辑：李　双　谢晓馨　刘　璐
责任校对：边　涛　　　　　　　　　美术编辑：张　辉
装帧设计：赵　真

出版发行：化学工业出版社（北京市东城区青年湖南街13号　邮政编码100011）
印　　装：天津裕同印刷有限公司
880mm×1230mm　1/32　印张5¼　字数78千字
2024年6月北京第1版第1次印刷

购书咨询：010-64518888　　　　　　售后服务：010-64518899
网　　址：http://www.cip.com.cn
凡购买本书，如有缺损质量问题，本社销售中心负责调换。

定　　价：68.00元

《越野滑轮》编委会

总 顾 问：单兆鉴　朱承翼

技术顾问：关惠明

主　　任：王　冬　赵日强

委　　员（按姓氏笔画排列）：

于淑梅　马　军　王　冬

王远臣　王贯臣　王树琨

王健壮　朱才威　任　龙

刘显英　孙文东　苏培山

李光全　李新星　杨立华

张　旭　武彦龙　赵日强

柳圆圆　侯　健　崔小琨

盖永根　蔡洪文

《越野滑轮》
编写人员名单

主　　编：赵　真

副 主 编：王少宁

编写人员：赵　真　王少宁　王锦芬

　　　　　王春丽　宋文斌　王德春

插　　画：刘伟龙　孙　枭

视频教学：任　龙

动作演示：任　龙　盖永根

摄影/摄像/视频编辑：汪　冰

编　　曲：张文博

打造新"六地"，助力"十五冬"
携手推进辽宁冰雪运动发展

推动我国冰雪运动跨越式发展是实现第二个百年奋斗目标的重要组成部分。习近平总书记多次在不同场合表达对冰雪运动的重视。在他亲自谋划、持续推动下，"三亿人参与冰雪运动"愿景成为现实，中国冰雪运动跨过山海关，走进全国各地。

近年来，辽宁深入贯彻习近平总书记关于大力发展冰雪运动的重要论述及指示批示精神，以申办、筹办2028年第十五届全国冬季运动会为契机，紧扣打造新时代"六地"目标定位，努力推动高品质文体旅融合发展示范地建设，加强冰雪基础设施建设，不断提高我省冰雪运动的影响力和竞争力，为辽宁经济社会发展贡献冰雪力量。

借助"十五冬"的东风，辽宁冰雪运动活力满满、热气腾腾！在此蓬勃发展的喜人场景中，我们欣喜地看到，"趣读冰雪运动系列丛书"编写专家团队策划了科普读物《越野滑轮》！《越野滑轮》是系列丛书的第二本，为非雪季项目的大众科普读物，必将极大地助力雪季运动的发展！本书除文字之外，还包括诸多卡通形象及插画，并配有专业运动员技术示范图解、亚运会及全运会冠军现场教学视频。全书以说明性图片和视频为主，文字为辅，能带给读者生动形象的阅读体验，便于理解越野滑轮的重要知识点。

借助"十五冬"的东风，辽宁冰雪运动必将迎来新的发展高峰，实现群众冰雪、竞技冰雪、冰雪产业及冰雪文化协调融合发展。而《越野滑轮》等冰雪系列图书的出版不仅能够推动辽宁冰雪运动普及发展，还将促进辽宁冰雪文化繁荣壮大，对辽宁巩固扩大"带动三亿人参与冰雪运动"北京冬奥成果意义重大。

借助"十五冬"的东风，我们希望像"趣读冰雪运动系列丛书"编写专家团队这样的社会各界人士，越来越多地加入到辽宁冰雪运动发展中来，众人拾柴火焰高，我们携手并肩一起向未来！

好风凭借力，扬帆正当时。希望借助本书出版之机，更多的冰雪运动爱好者走上冰场、走进雪场，成为"三亿人参与冰雪运动"的一份子，为推进体育强省、体育强国建设共同献上行动的力量！

辽宁省体育局副局长

2024年1月16日

共赴冰雪之旅，共享冰雪之乐

2022年北京冬奥会的成功举办，向全世界呈现了一场无与伦比的冰雪盛会，发出了"一起向未来"的时代强音，也给全国人民留下了珍贵丰厚的冬奥遗产。而北京冬奥会的重要成果之一，就是成功带动"三亿人参与冰雪运动"。

大连市作为全国闻名的体育城市，多年来涌现出大批优秀的冬季运动项目人才，尤其是在越野滑雪项目中，包括王锦芬、王春丽、刘显英、柳圆圆、任龙等一大批世界冠军、全国冠军，以及关惠明、宋文斌、苏培山、马晓红等国家级教练，为我国冬季运动项目征战冬奥会，问鼎世界赛场做出了重要贡献。近年来，借着北京冬奥会的"春风"，冰雪运动不再"高冷"，越来越多的市民群众开始带上装备走进冰场雪场，充分享受冰雪运动带来的乐趣。

但是冰雪运动相较其他运动而言，难度大、要求高、季节性强，虽然极具吸引力和观赏性，但对参与者而言门槛相对较高，一年中参与时间也十分有限。如何更好地普及冰雪运动，让更多人能够掌握冰雪运动的技巧，从而积极参与到冰雪运动之中？如何在一年四季都能够开展冰雪运动？这是我们体育行政部门一直在研究和推动解决的问题。在这一过程中，我很欣喜地看到，由我市冰雪运动爱好者赵真同志策划主编的《越野滑轮》一书即将问世。作为"趣读冰雪运动系列丛书"中的一本，它不仅仅是一本科普读物，更是一本图文并茂、生动直观的冰雪运动普及教材，读者朋友们还可以通过"扫一扫"查看教学视频，因此，这本书具有极强的阅读性、趣味性和指导性。不仅仅对广大越野滑雪（滑轮）爱好者学习技能大有帮助，而且对相关从业人员开展教育培训，构建竞赛体系等都将提供有益指导。本书的出版发行，弥补了我国在越野滑轮普及方面无相关教材的缺憾，为各地推广越野滑轮提供了标准和依据，同时也给广大滑雪爱好者提供了夏季"滑轮"的新选择，必将成为大连冰雪文化发展史上一颗璀璨的明珠。

在此，我谨代表大连市体育局，向《越野滑轮》的出版发行表示热烈的祝贺，向为该读物编写做出积极贡献的专家学者、工作人员致以衷心的感谢，同时也向一直以来为我市冰雪运动发展壮大不懈奋斗的同志们致以崇高的敬意！

后冬奥时期，冰雪运动持续升温。2028年第十五届全国冬季运动会首次落户辽宁，辽宁冰雪运动步入高速发展的黄金时代。

大连也有着得天独厚的冰雪资源，"暖雪暖冰"的独特优势使得在大连滑雪更加舒适、运动时间更长，"滑雪＋温泉"的双重体验让广大滑雪爱好者们既能享受冰雪激情之喜悦，又能感受温泉蒸腾之惬意。借此机会，我也诚挚邀请国内外的滑雪爱好者们到大连来滑雪，期待着与大家相聚大连，共赴冰雪之旅，共享冰雪之乐。

大连市体育局　局长

2022年北京冬奥会的成功举办，不仅为中国赢得了奖牌与掌声，也推动中国冰雪运动的普及和发展驶入了快车道。

《北京2022年冬奥会和冬残奥会遗产报告（赛后）》中阐明，中国将持续为冰雪运动普及发展提供长期政策保障，持续推动大众冰雪运动蓬勃发展，建设更多优质冰雪场地设施，健全冬季运动后备人才培养体系，不断提升冰雪运动竞技水平。

要想推进中国冰雪运动的普及和发展，尽快建设一个完整、合理的校园冰雪运动教育体系，需要集社会各界力量共谋大计。

2021年，我在众多冰雪专业人士、爱好者及朋友们的支持和帮助下，出版了主要面向广大青少年群体的科普读物《冬奥趣读：一本书看懂冰雪运动》，就是对这种愿望的一次兑现，在帮助社会大众，特别是青少年"看懂冬奥会"方面发挥了一定的作用。

转眼，冬奥会闭幕已有两年，在冬奥精神的感召下，冰雪运动在我国的普及和发展已经进入一个新的阶段。在此期间，我时常陷入深深的思考中：如何能为国家的冰雪运动再尽绵薄之力？

在与专业人士多番深入讨论之后，我终于找到了突破口，决定推出"趣读冰雪运动系列丛书"，首先是要编一本普及性比较强，不受季节、环境影响的冰雪运动科普读物。《越野滑轮》由此诞生。

在《冬奥趣读：一本书看懂冰雪运动》一书中，我曾简单介绍过非雪季项目，其中之一便是越野滑轮。越野滑轮由越野滑雪演变而来，可以在非雪季随时随地地开展，解决了非雪季的冰雪运动训练难题，并与越野滑雪运动实现完美衔接，同时它也已成为世界性的独立运动项目。

研究表明，青少年在成长期间，由于身心要经历诸多变化而面临种种挑战。体育运动是极佳的育人方式，不仅能提高综合素质，还具有释放不良情绪、缓解诸多压力的作用。本书在介绍滑轮技术的同时，穿插了一些励志故事，并诠释了越野滑轮对青少年五种能力的培养，用以阐发"以体育人""以体育心"的深刻内涵。

在本书的编写过程中，冰雪运动专家单兆鉴和朱承翼两位老前辈给予了诚挚热情的鼓励与支持，越野滑雪和冬季两项资深教练关惠明老师给予了全方位指导。

本书的编写得到了王远臣、王锦芬、于淑梅、王春丽、宋文斌、李光全、刘显英、苏培山、任龙、柳圆圆、侯健、杨立华、武彦龙、马军、孙文东、王健壮、王贯臣、朱才威、张旭、盖永根、李新星等我国越野滑雪及冬季两项教练员、裁判员，以及世界冠军、国家级运动员的专业支持，使本书相关知识更加翔实、准确。同时，媒体同仁王少宁、刘伟龙、王德春，冰雪相关领域的热心人士王树琨、汪冰、蔡洪文、崔小琨等，以及东莞市金麟飞雪体育科技发展有限公司，也为本书的出版提供了诸多帮助，在此一并致谢！

在此，特别感谢辽宁省体育局、大连市体育局领导对本书的大力支持！

2023年10月25日，中国政府网正式发布《国务院办公厅关于同意辽宁省承办2028年第十五届全国冬季运动会的函》。这意味着，北京冬奥会之后，辽宁冰雪运动将再次迎来大的发展契机。作为一个辽宁人，笔者为之深感自豪！

希望本书的出版发行能够为中国冰雪运动、冬奥文化的普及和推广，以及助力辽宁省冰雪运动的高质量发展，贡献自己的微薄之力！

赵 真

2024年2月

本书主角

奇奇~

冰雪运动小专家一枚，

对冰雪运动无比热爱，

希望通过自己的努力，

让更多人了解并喜欢上冰雪运动。

嘟嘟~

对冰雪运动充满好奇心与热情的少年，

活泼可爱，不怕困难，

勇于接受新鲜事物，

并愿意为之付出努力。

有一种伤心叫"封板"。

雪季结束，我有万般不舍和莫名的伤感——

滑雪让我结交了很多好朋友，

我们成群结队，满腔热"雪"，

可是美好快乐的日子就是这么短暂，

真让人难过！

其实对于滑雪爱好者来说，

一年只分两段：雪季和等待雪季。

漫长的非雪季，让我们望眼欲穿。

在奇奇的建议下，

这个雪季过了一把越野滑雪的瘾。

既增强了体力和耐力，磨炼了意志，

又欣赏了美景，

还练就了我"肥而不腻"的好身材。

雪季结束要是又打回原形，

那我就太难过了。

对了，奇奇无所不知，赶紧请教它去！

 奇奇，你好！

嗨，你好，嘟嘟！

雪季结束忙啥呢？

不忙时就运动呀！

非雪季有啥好玩儿的吗？我都快憋疯啦

当然有了，我正在玩儿呢

玩法和滑雪很接近。

太好了，带我一起呗！

好的，这个没问题！

太开心啦，当面请教哈

目录

嘟嘟，好久不见，好想你呀！
咦？你的脸怎么胖了一圈，还戴上了眼镜！

别提了，奇奇，雪季太短了！咱们虽然在同一个城市，但咱们之间是"季节性友谊"，不到季节，想见也见不上啊！

最让我难过的是，自从雪季结束以后，合适的运动就太少了。

看手机太多，我的体重和近视度数又开启了"双飞"模式，一起噌噌往上长！不瞒你说，我现在的烦恼很多，压力也不小，都快"抑郁"了。

没事没事，嘟嘟！咱俩以前是"季节性友谊"，以后就是"朝暮式友谊"啦！这次见面，我就是想告诉你，其实越野滑雪有一个"双胞胎兄弟"！

它和越野滑雪的感觉特别像，玩起来一样刺激，一样精彩，但可以不在雪上滑，也不受季节和场地的限制！我们学会这项运动以后，夏季同样能过"滑雪瘾"！

是吗？这样的话，我就不愁减不了肥、摘不了眼镜啦，也能缓解我的不良情绪！

当然啦！只要你选一项适合自己的运动，好好锻炼，不仅能摘掉眼镜、减轻体重，好多压力也可以释放出去，还能成为一名自由自在、无所畏惧的阳光运动少年！

国外一项研究显示，青少年如果多参加体育运动，就能帮助他们更好地面对青春期生理和心理的变化以及学业、社交等压力。

太好了！奇奇，这样我妈妈应该会很开心，不会整天跟我唠叨了！

好，出发吧！顺便带你了解这项运动的知识哈。

走起~

第一章
越野滑轮的前缘今生

不会吧？加上两个轮子，就可以在陆地上"滑雪"啦，这么神奇吗？

这是一项怎样的运动

其实，在之前的《冬奥趣读：一本书看懂冰雪运动》里，笔者已简单介绍过非雪季的运动项目，当时你可能只关注那些让人热血沸腾的冰雪项目了。

这个项目英文名字为Roller ski，可以翻译成越野滑雪（滑轮），方便起见就叫它**越野滑轮**。

为了使你容易理解，简单来说，把滑雪板两端锯掉，安上轱辘，它就是滑轮，这样就可以在陆地上"滑雪"了。

都是带轮子的运动，那么滑轮和大家平常玩的轮滑有什么不同呢？

"滑轮"与"轮滑"不仅是两个字的顺序之差，还是两种不同的运动方式。滑轮无论是器材还是运动方式均与轮滑有很大区别。

用一句话说就是，滑轮更像是滑雪，轮滑更像是滑冰。

它叫轮滑，像滑冰不？

滑轮是这样的，能看出区别吧？

越野滑轮是由越野滑雪项目演变而来的，早已成为越野滑雪和冬季两项运动员夏季训练的主要手段。

在一些欧美国家，滑轮运动已经非常普及，很大程度上摆脱了越野滑雪项目"附属"的性质，成为大众健身不错的选择。

眼见为实，你仔细观察，两者是不是很相似呀！

越野滑雪

越野滑轮与越野滑雪的技术相似度高达95%以上。在专业运动员看来，两者也几乎没有差别。所以说作为非雪季的替代项目，越野滑轮非常合适。

越野滑轮

真帅

　　为了便于理解越野滑轮这项运动，我们需要先从它的源头——越野滑雪项目讲起。

第一节　越野滑雪的由来

越野滑雪，赛道路线和比赛时间都比较长，是典型的耐力项目，又称"雪上马拉松"，也可以理解为"滑雪界的山地越野跑"。它是冬奥会雪上项目的第一大项。同时，越野滑雪也是北欧两项和冬季两项的竞赛内容之一。

越野滑雪是各项滑雪的母项。人类滑雪的起源就是越野滑雪。近代的越野滑雪竞赛项目是从北欧挪威首先开始的，故又称北欧滑雪。它历史悠久，是冬季运动中最古老的项目之一。

最初越野滑雪主要用于狩猎、交通。在之后北欧诸国之间的战争中，越野滑雪的用途从狩猎扩展到军事。

故事
分享　**从战争到和平：越野滑雪为挪威王子而来**

那是13世纪的挪威。因为宫廷内部的权力之争，一场内战一触即发。

1204年，挪威国王哈康三世的去世引爆了一场宫廷斗争——桦树皮鞋党与牧杖党的残酷内斗。

哈康三世活着的时候，对桦树皮鞋党颇为照顾。而此时，牧杖党实力颇强，夺取挪威政权的胜算更大。

但是，桦树皮鞋党手里有一张"王牌"——哈康三世的儿子哈康森。哈康森是哈康三世和其侍妾英嘉的儿子，在父亲去世前才刚刚出生，却是王位的合法继承人。

对于这个心腹大患，牧杖党当然欲除之而后快，否则他们即使夺取了政权，挪威人也不会承认。

很快，一场围绕哈康森王子的诛杀与保卫战展开了。

因为哈康森尚在襁褓之中，桦树皮鞋党不得不拥立了新的国王——英格·巴尔德森，但新国王同样对老国王效忠。

王宫是最安全的地方。此时，桦树皮鞋党最主要的任务，就是将哈康森带到新国王那里，严密保护起来。

但是，牧杖党已经派出精兵强将前往英嘉那里搜寻哈康森，形势十分紧急。

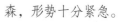

为了抢在对手之前接走哈康森王子，桦树皮鞋党精心挑选出了两名被称为"桦木腿"的侦察兵，他们滑着雪板，拼尽全

力在山间穿行。

两名侦察兵遭遇了强烈暴风雪的袭击，但因为心怀使命和责任，他们连续滑行了 55 公里，抢先接走了哈康森。

但牧杖党不甘失败，开始了疯狂追击。

两名侦察兵带着孩子横过雪山，历经艰险，从利勒哈默尔到厄斯特达尔，最终到达了国王英格那里，使哈康森得到了有效的保护。

后来，在国王英格的精心培养下，哈康森健康成长，顺利成为哈康四世国王，并创造了挪威的鼎盛时期。

哈康森王子幼年被滑雪勇士营救的故事，在挪威广为传扬，相关主题的名画和电影数不胜数。

而哈康四世也知恩图报，开始倡导在山间组织越野滑雪运动。

有了国王的倡导，越野滑雪在挪威越来越普及。后来，这项运动又在整个北欧盛行开来。1924 年，在法国举行的第一届冬季奥运会上，越野滑雪成为竞赛项目。它从最初的狩猎方式、交通工具及军事作战技能，成为一项正式的体育竞技运动，可以说是世界上最古老的运动项目之一，每一届冬奥会都没缺席过。

越野滑雪为营救挪威王子而生，又因他的倡导而盛，其间寄托了一种彼此成就的爱！

知识链接

被称为"雪上马拉松"的越野滑雪和马拉松相比，虽然发源地不同，但有着相同的纪念意义。

马拉松，原来是为了纪念这位勇士

相信很多人都知道马拉松这项运动。马拉松，英文为Marathon，名字来源于欧洲古希腊的一个名为Marathon的村庄，位于雅典市东北部30公里处。

公元前490年，波斯人入侵雅典，双方在马拉松海边激战，最终雅典人打败入侵者。为了将胜利的消息带回后方，一名叫菲迪皮茨的士兵徒步跑回首都雅典，他是有名的飞毛腿，到达雅典喊出"我们胜利了"之后，因力竭倒地死去。

为了纪念这位勇士，在1896年举行的第一届奥运会上，设立了名为马拉松的长跑比赛项目，把当年菲迪皮茨送信跑的里程42.195公里作为赛跑的距离。这就是现代马拉松运动的由来。

在马拉松的跑道上，诠释的是一种积极的人生观和价值观，是对自我速度与耐力的挑战，意味着过程艰苦但绝不会妥协。

马拉松项目设置

马拉松属于长跑比赛项目（即路跑），在国际上非常普及，全程距离为26英里385码，即42.195公里(也有说法为42.193公里)。

马拉松分全程马拉松、半程马拉松和四分马拉松三种。以全程马拉松比赛最为普及，一般提及马拉松，即指全程马拉松。

为与国际田径联合会（以下简称国际田联）竞赛规则中对路跑项目的定义表述保持一致，规范赛事标准距离，便于与国际田联积分体系匹配，根据国际田联竞赛规则中对于项目的描述，将"马拉松"统一改为"路跑"，按标准比赛距离分为5公里、10公里、15公里、20公里、半程马拉松、25公里、30公里、马拉松及公路接力赛。

马拉松运动的真正意义是，在比赛过程中，当不同选手或早或晚出现生理、心理极限时，其能努力克服困难，最终战胜自我，突破个人极限。这同样适用于人生。

越野跑，一项可以放飞灵魂的运动

越野滑雪也可以理解为"滑雪界的山地越野跑"。

那什么是越野跑呢？首先是"野"，然后才是"跑"。野，即户外。

那么越野跑又从何而来呢？据历史记载，最早的越野赛起源于11世纪的英格兰，传说当时只是意图通过比赛来寻找跑得快的信使。直到19世纪，越野跑作为一种社区活动和游戏重新出现在英国，尤其是英国湖区。

追根溯源，它大约兴起于20世纪初的美国，而改变越野跑历史的却是1973年发生的一件极为偶然的事。

那一年参加西部各州越野赛（特维斯杯）长距离赛马比赛的选手戈迪，因赛马出现腿疾，不得不在29英里（约为46.7公里）处的检查站退出比赛。次年，酷爱这项运动的他，决心以双腿徒步完成这一赛事。出人意料的是，戈迪不仅完成了这一惊人之举，而且仅仅用23小时42分钟，就把原本是越野赛马的100公里路线跑完。

从此，1974年被称为超级越野跑元年，这条路线也成了著名的西部100越野赛的主题路线。

越野跑和马拉松，都是长距离、长时间持续跑步的形式。越野跑虽被称为超级马拉松，但作为一种在野外自然环境中进行的中长距离赛跑，与一般在城市举办的长跑项目马拉松其实是两个完全不同的概念。

它既是独立的竞赛项目，也是各项运动经常采用的训练手段。没有固定的距离，也不受场地、器材的限制，每次练习或比赛都是按当时当地的自然环境条件选择路线，决定起点和终点。

越野跑地形复杂，跑者需要适应不同类型的路面，包括上坡、下坡、颠簸路段等。因此，越野跑需要跑者具备良好的力量、灵活性、协调性、柔韧性等多种身体素质。通过越野跑还能增强心血管系统功能，提高肺活量，强身健体。

如何能让自己更好地体验到越野跑的乐趣呢？你必须了解的知识点就是持杖——用杖可以分担腿部受力；提供稳定支撑，保持身体平衡；预防未知风险等。

越野跑与自然相结合，能帮助你放飞自己的灵魂。未知、多变、探索等特点，赋予了越野跑更多的内涵和魅力。

越野滑雪持杖走，起源于滑雪的时尚运动

越野滑雪持杖走，作为一种更加亲近大自然的户外运动行为，是独具魅力、风靡欧美国家的北欧运动行为，也是一种可以在无雪期替代滑雪的全地域性越野滑雪的技术，还是越野滑雪夏季专项训练项目的主要手段之一。

如今，越野滑雪逐步进入大众视野，带来了全新的运动体验，使每一个运动者都可以亲身体验大自然带给我们的壮美。

越野滑雪持杖走采用交替滑雪技术，对参与的大众技术要求较低，不同人群都可以体验。这更完美地诠释了越野滑雪持杖走可操作性强的特点。

与此同时，越野滑雪持杖走可以使你在短时间内就运用自如。

总结
一下

　　通过对马拉松和越野跑的介绍，大家应该明白越野滑雪为什么被称为"雪上马拉松"和"滑雪界的山地越野跑"了吧。

　　值得一提的是，现代全球大众耐力赛事中，马拉松、越野跑与越野滑雪息息相关，完美地提供了从夏季到冬季的全场景有氧耐力运动解决方案；同时，耐力路跑、山地越野跑也是越野滑雪训练的重要组成部分，对于提升摄氧量和扩展身体机能发挥着重要的作用。

第二节 越野滑雪概述

一、项目介绍

越野滑雪被称为冬季项目中的"雪上马拉松"，是以滑雪板和滑雪杖为工具，在丘陵起伏的山地沿规定的路线进行的一种雪上竞技运动。

运动员凭借登山、转弯、滑行、滑降等基本技术，长距离滑行于连绵的雪山之间，是越野滑雪的主要特点。

它的赛道路线及比赛时间都比较长，运动员沿蜿蜒起伏的雪道前进，率先到达终点者获胜。虽然沿途风景优美，但比赛过程很是辛苦。越野滑雪是一项完美展现运动员的体力、耐力和运动精神的冬季运动。**它是典型的耐力项目，位列冬奥会耗能最高的运动项目榜首。**

在茫茫的野外白雪中，运动员脚部蹬滑雪板，手臂挥动滑雪杖，调动全身肌肉，这非常考验运动员意志品质和体能储备。观赏这项比赛，可以欣赏到运动员那种你追我赶的拼搏精神，以及勇敢坚毅、刻苦耐劳的优良品质。

二、项目技术种类

该项目按技术不同，分为传统技术和自由技术两种。

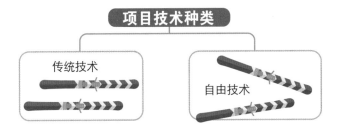

1.传统技术

包括二步交替滑行、同时推进滑行、八字登山、滑降以及转弯技术。

不允许有侧向的蹬冰动作，滑雪板基本在压好的雪槽里，运动员平行向前滑行，运用双腿的前后蹬动、摆动来前进。

2.自由技术

滑雪板像滑冰似的在雪面上轮换侧后蹬动，向侧前滑行。两块滑雪板呈倒八字状态，对技术动作没有限制，运动员可以采用任何技术动作，包括传统技术。

三、项目设置

男子项目：男子短距离、团体短距离、50公里集体出发、四人接力4×7.5公里、双追逐10公里+10公里、个人出发10公里。

女子项目：女子短距离、团体短距离、50公里集体出发、四人接力4×7.5公里、双追逐10公里+10公里、个人出发10公里。

四、比赛场地

越野滑雪比赛路线分上坡、下坡、平地，各占全程的三分之一，雪道的最高点不超过海拔1800米。

五、出发形式

越野滑雪比赛的出发形式有间隔出发、集体出发两种形式。

六、项目装备

越野滑雪的装备与我们常见的其他滑雪装备有所不同，相比来说更轻便一些，滑雪者只有雪鞋前端被固定在滑雪板上，脚跟可自由抬起来。这样的设置是为了方便脚踝随着滑雪者的步伐活动。

1.滑雪帽

滑雪帽多采用针织的舒适面料，防风保暖又透气，同时能有效保护头部。

2.滑雪镜

滑雪镜一般选用视野较开阔的球面镜，可保护眼睛不受阳光刺激。

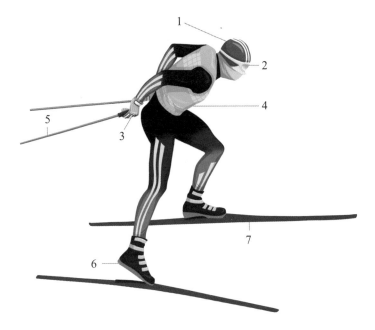

3.滑雪手套

一般为五指分开型，质薄，为防滑雪杖滑动，表面应作增大摩擦处理。

4.滑雪服

滑雪服面料要兼备保暖性和透气性，同时防水、防风、易保养、可水洗。专业用滑雪服一般是有弹性的紧身款式。

5.滑雪杖

滑雪杖的长度在竞赛规则中规定，传统杖不能超过肩，一

般在肩窝附近，自由杖可以达到人的耳垂附近，或比耳垂略高一点。滑雪杖的顶端有被称为"雪轴"的特殊造型装置，为的是避免滑雪杖插入雪中太深。

6.滑雪鞋

滑雪鞋有自由式和传统式两种。两者区别在于鞋帮高度，自由式鞋帮应高出踝骨，便于蹬动与滑行，保护踝关节。相比之下传统式鞋帮略低，但同样要保证其基本性能。

另外，现还有双追逐滑雪鞋，传统式和自由式技术都可以使用。

7.滑雪板

传统式板较长，有非常明显的弓形弧线，长度比使用者的身高长出25～30厘米，张力应与使用者体重相适应。自由式板尖较小，利于滑行，长度比使用者的身高长出10～15厘米，雪板张力要求相同。

越野滑雪的最高组织机构是国际滑雪和单板滑雪联合会（International Ski and Snowboard Federation，FIS），中文简称国际雪联。主要赛事包括冬奥会、世界滑雪锦标赛、北欧滑雪世界锦标赛、滑雪世界杯、越野滑雪巡回赛等。

知识链接

冬奥会闭幕式上，为什么会有越野滑雪的颁奖仪式？

大家还有印象吗，在2022年北京冬奥会闭幕式上，举行了越野滑雪女子30公里集体出发和男子50公里集体出发两个项目的颁奖仪式。那么，冬奥会闭幕式为何会进行现场颁奖呢？

与夏季奥运会相比，一些冬奥会项目的竞赛场馆适合比赛和观赛，但不太适合颁奖。所以，在条件允许的情况下，比赛现场只颁发吉祥物，所有的奖牌都在颁奖广场举行，这也是冬奥会的传统。毕竟，运动员获奖既是运动员的精彩时刻，也是传播奥林匹克精神的难得瞬间。

其实，夏季奥运会就有在闭幕式上给马拉松项目选手颁奖的传统。2004年雅典奥运会闭幕式上，首次为马拉松比赛获奖运动员颁奖。随后的2006年都灵冬奥会，设立了男子50公里越野滑雪颁奖仪式。女子30公里越野滑雪的颁奖仪式是在2014年的索契冬奥会上首次出现在闭幕式上的。

冬奥会的男子50公里和女子30公里越野滑雪相当于夏季奥运会的马拉松，体现的是人类的坚强品质和意志力。在全世界人民的关注下褒奖获胜者，是为了鼓励那些为人类最原始的体育运动而继续努力的人们。

国际雪联越野滑雪十大安全准则

❶ 尊重他人（Respect for others）

越野滑雪者必须以不危害或损害他人的方式进行越野滑雪。

Cross-country skiers must ski in such a manner that they do not endanger or prejudice others.

❷ 尊重标志（Respect for signs）

越野滑雪者必须始终遵守线路标志。

Trail marking signs must be adhered to at all times.

❸ 雪道选择（Choice of tracks）

在有多条雪道选择的线路上，滑雪者应该沿右侧雪道行进，除非有超越行为。另外，同样重要的是，自由技术滑雪者应保持在自由式雪道，不得侧蹬进入传统式雪道。

On cross-country trails with multiple tracks, skiers must stick to the right hand track unless overtaking. It is also imperative that skating skiers remain on the skating tracks and do not cross into the classic tracks.

❹ 超越（Overtaking）

位于前方的滑雪者没有义务给后面的让路，但是在条件允许的时候，滑得慢的应该允许快的超越，在被超的时候，慢的滑雪者应该靠右让行。

A skier ahead is not obliged to give way to an overtaking skier. However, when possible the slower skier should allow faster skiers to overtake. When being overtaken, the slower skier should move to the right.

⑤ 双向交汇（Encounter）

越野滑雪者面对面相遇时应该都靠右行进。上坡的滑雪者应该给下坡的让路。

Cross-country skiers meeting while skiing in opposite directions shall keep to the right. Climbing skiers should give way to descending skiers.

⑥ 滑雪杖（Poles）

当与其他人距离较近的时候，滑雪者应该尽自己最大所能将滑雪杖靠近自己的身体。

Cross-country skiers shall make the utmost effort to keep their poles close to the body whenever near other skiers.

⑦ 控制速度（Control of speed）

滑雪者应该时刻以自己可以安全停止的速度滑行，尤其是在下坡时。所有的滑雪者都应该与前方的滑雪者保持安全距离。

Cross-country skiers, especially when descending, must always ski at a speed in which they can stop safely. All skiers should also keep a safe distance from the skiers ahead.

❽ 保持雪道畅通（Keep the trail clear）

滑雪者在停止后必须离开雪道。在摔倒的情况下，也必须尽快离开雪道。

Skiers who stops must leave the track. In case of a fall, skiers should eave the track as quickly as possible.

❾ 发生事故（Accidents）

如果发生事故，所有的滑雪者都应该提供帮助。

In case of an accident, all persons should provide assistance.

❿ 提供证明（Identification）

事故的所有见证人，无论有无责任，都必须留在事故现场，提供他们的证明。

All witnesses to an accident, whether responsible or not, must remain at the scene of the accident and provide their identification.

瓦萨国际滑雪节：
起源于瑞典的最大越野滑雪赛事

历史溯源

瓦萨国际滑雪节的历史可以追溯到16世纪初期。当时瑞典被迫与丹麦结成国家联盟。有个叫古斯塔夫·瓦萨的人号召人们起来反抗丹麦的统治和压迫。他在莫拉市动员达拉纳人与他一道推翻丹麦国王的统治，不过没找到志同道合者，于是他滑雪到达挪威。就在这时，丹麦人在斯德哥尔摩大肆屠杀瑞典人的消息传到了莫拉，达拉纳人才决定要立即与逃亡的瓦萨联合起来。

于是，当地最好的两个滑雪运动员拉尔斯和安吉尔·布莱克特出发去追赶瓦萨，这便是瓦萨国际越野滑雪节的历史渊源。1523年6月6日，古斯塔夫·瓦萨被推举为瑞典国王。

1922年2月10日，新闻记者安德尔斯·佩尔斯为了纪念古斯塔夫·瓦萨以及他所取得的成就，倡议创立一个每年进行的全程90公里的滑雪比赛，这就是后来的瓦萨国际滑雪节，滑行线路与当年瓦萨等民族英雄奔波于莫拉和萨伦两地的线路相同。

首届瓦萨国际越野滑雪节于1922年3月举行，距今已有百年历史。这项国际赛事每年吸引4万多名滑雪爱好者参加，已经发展为世界上规模最大的越野滑雪赛。

来到长春

2003年，有着百年历史的瓦萨国际滑雪节，正式落户长春净月潭国家级风景名胜区，中国成为继瑞典、美国和日本之后第四个举办瓦萨国际滑雪节的国家。

长春净月潭瓦萨国际滑雪节经过20余年的发展，已经从单一的滑雪赛事，演绎发展为兼具深厚中西文化底蕴和广泛吸引力的大型国际性节庆活动。2014年净月潭瓦萨国际滑雪节正式加入世界上规模最大、级别最高的长距离越野滑雪运动组织"世界罗佩特"（Worldloppet），使净月潭这张靓丽的名片蜚声国际。

2017年，长春瓦萨国际滑雪节引进世界顶尖长距离越野滑雪赛——经典滑雪，这是瓦萨国际滑雪节的又一突破。

长春净月潭瓦萨国际滑雪节已连续举办21届，现在已经成为中国历史最久、规模最大、具有国际影响力的冬季体育赛事活动。

第三节　越野滑轮概述

一、项目起源

聊完越野滑雪，下面正式介绍越野滑轮啦！

越野滑轮起源于20世纪30年代北欧的滑雪运动。

1930年前后，奥地利、德国和挪威的工程师和滑雪教练从溜冰鞋和婴儿车中得到灵感开始制造滑轮。奥地利的教练埃迪·维塞尔（Edi Wieser）制造了几对长度为90厘米的滑轮，运转良好。

1932年滑轮通过专利发明正式面世，并逐渐运用到训练和健身活动当中。苏联和民主德国的越野滑雪者很早就开始系统使用滑轮进行训练。

来自斯堪的纳维亚半岛的滑雪者，因为在森林中长时间从事砍伐和剥树皮的艰苦工作，造就了非常强壮的体魄，多年来在滑轮运动中一直处于优势。

二、项目发展

其他国家努力弥补自己的不足，民主德国在20世纪60年代开始使用滑轮、划船进行力量训练，以减小与挪威、瑞典、芬兰滑雪者的差距，并获得了不错的成绩。1970年民主德国的格里默尔（Grimmer）成为60多年来第一位没有林业工作背景，却赢得霍尔门科伦50公里滑雪比赛的滑雪者。许多人都说，是滑轮运动赋予格里默尔足够的力量来实现这一壮举。

欧洲越野滑轮联合会成立于1985年左右，第一届欧洲锦标赛于1988年在荷兰举行。越野滑轮运动的发展引起了国际雪联的注意。1992年，国际雪联承认越野滑轮是一项不同于越野滑雪的运动。1998年，在布拉格，国际雪联授予了越野滑轮第一个正式的国际雪联世界锦标赛资质，并于2000年8月30日至9月3日在荷兰举行第一届越野滑轮世界锦标赛。**越野滑轮此后就发展成了一项专门的竞技运动。**

扫码看视频

每年国际雪联都在世界各地举行世界杯比赛。在挪威、瑞典、俄罗斯等国家，已经建造了专门为越野滑轮设计的比赛练习场地，以便运动员和爱好者进行运动。目前在欧洲，特别是北欧的挪威、芬兰、瑞典等国，越野滑轮运动已经得到广泛的开展。

在我国，从二十世纪五六十年代起，来自黑龙江、吉林及解放军等的专业滑雪队伍，就已开始制造和使用越野滑轮进行训练。从八十年代末九十年代初起，我国也开始进口越野滑轮器材用于专业越野滑雪队的训练。近年来，相关部门每年也会组织全国性的越野滑轮专业竞赛，以促进越野滑雪运动的发展。

越野滑轮运动在世界杯里称为Roller ski，是冬奥会第一基础大项越野滑雪的夏季世界杯。

这下明白这项运动的来龙去脉了。

还想全面了解一下，它究竟有哪些优点呢

三、项目优点

首先，越野滑轮运动让越野滑雪不再受限。雪季时在冰天雪地里那种自由、放飞自我的感觉，那种原始的、本能的快感在地面上是无法获得的。但是如果在非雪季学习了越野滑轮，就能一样尽情地体验"上冰雪"的风驰电掣，过一把"旱地滑雪瘾"，**并能完美地和冬季滑雪衔接上。**

其次，越野滑轮在室内室外都可滑行。**可以亲近大自然，不受场地、季节限制，成本低，容易上手。**

再次，**越野滑轮安全系数高，门槛相对比较低。** 由于是在地面进行滑行，下到3岁上到80岁都能滑。滑轮的护具很大众，有头盔、护目镜、护肘、护膝、护腕等即可。

最后，越野滑轮也是一个非常好的全民健身项目。据悉它能锻炼全身大部分肌肉群，只有游泳和划船可以与此相媲美。**越野滑轮可以让全身各部位均衡地得到训练，是一种很好的有氧运动，对心肺功能也有好处。**

故事分享

汤加"跨界"旗手皮塔：
我不畏惧失败，而怕没去尝试

2018年平昌冬奥会开幕式上，有一位运动员赤裸着涂满椰子油的上身，穿着极具特色的民族服饰，露出自己健硕的身材……

这位汤加小伙子给很多人留下了深刻的印象。他就是汤加代表团参加夏季奥运会和冬季奥运会的"御用旗手"皮塔·陶法托富阿。

汤加是大洋洲上的一个热带岛国，从来没有下过雪。即便这样，也没能阻挡他热爱滑雪的心。

以前，皮塔曾是一名跆拳道运动员，参加过2016年里约奥运会，在男子跆拳道80公斤以上级首轮就输了，但皮塔并不甘心，他决定还要让自己的奥运梦想再向前迈一步。

2016年12月的一天，他宣布，"我的新目标是争取在2018年冬奥会上获得一枚奖牌"。说这话的时候，皮塔甚至都没踩过真雪。因为在2017

年1月，他第一次滑雪后，就深深地被这项运动吸引了，所以他选择越野滑雪作为自己的努力方向。

对于从未接触过冬季运动的皮塔来说，在一开始练习越野滑雪时便遇到了不小的麻烦。训练中的困难不只是肉体上的，皮塔同样面临着外界环境的巨大挑战。他无法驱车30小时从布里斯班前往有雪的山上练习，因此沙滩就成了他的训练场。

在海滩边，皮塔每天进行数小时的模拟滑雪训练。他在阳光下穿着短裤，赤裸上半身，手里握着滑轮杖，脚下本该有的滑雪板被一双滑轮鞋代替了。

因为**越野滑轮主要是越野滑雪、冬季两项训练中的一种夏季替代训练工具，需要运动员脚踩滑轮、手持滑轮杖在光滑的地面上滑行**，所以皮塔选择用这种方式来训练自己。

这种滑轮与滑雪的感觉和动作技术基本一致。他知道很多跨界选手和初学者在学习越野滑雪和冬季两项运动时，都是先从练习滑轮开始，等到技术动作熟练后再上雪训练。

经过几个月的训练后，皮塔表示自己可以做到如履平地了。

皮塔一直都有奥运梦，为了自己的奥运梦，他不仅要忍受伤病的折磨，同时还要面临资金不足的窘境。在2016年夏季奥运会，他还选择了众筹来募集比赛经费。

在经过了7次资格赛失败之后，皮塔终于在2018年1月于冰岛通过了平昌冬奥会资格赛。

2018年，皮塔成功来到了韩国平昌的冬奥会上，尽管取得的成绩与他冲击冬奥会奖牌的目标相去甚远，但他不仅成了汤加历史上第二位参加冬奥会的运动员，也成为汤加第一个参加过冬奥会和夏奥会的选手。

你不知道吧，体育运动对综合能力的培养也是很有帮助的，下面我们好好聊聊！

青少年的健康成长至关重要！往大了讲，青少年是祖国未来的花朵，是祖国建设的接班人；往小了说，青少年是每个家庭的未来和希望。

 嘟嘟，你现在知道玩越野滑轮有什么好处了吧。

 这还用说，我当然知道！好处就是让我开心呗！

 嗯，没错！你感到开心，是因为人在运动时会分泌多巴胺，可以使情绪积极、身心愉悦。同时，由运动所产生的自信、乐观等积极情绪和坚持到底的意志品质，也有助于学习。所以说，体育运动具有重要的育人功能。你知道吗，越野滑轮能帮助我们提升所需的五种能力！

 这么厉害！是哪五种能力啊？

 越野滑雪是一项完美展现运动员的体能储备和运动精神的冬季运动，越野滑轮也是如此。这五种能力简单归类的话，就是——**体力、耐力、意志力、抗压力、平衡力。**

 太好了！这些都是妈妈一直说要培养我的能力。

第四节　五种能力的作用

我国著名教育家蔡元培曾说："完全人格，首在体育。"这正体现了体育运动在塑造强健身体、完善人格方面的基石作用。

一、体力

 奇奇，昨天我们有一个同学在体育课上晕倒了，老师说他体力太差了。你说体力和智力哪个更重要？

 我觉得都重要。但是如果非得分个高下的话，我个人觉得体力更重要，因为体力是智力发挥作用的前提啊！

 是，我们班主任说过，中、高考的孩子们，学习是要拼体力的。

 是啊，研究表明，缺乏体力活动是导致心血管疾病、糖尿病和肥胖等的主要原因之一。

没错，我妈说，现在肥胖、近视、脊柱弯曲异常是青少年最常患的三大疾病，而这些疾病往往都和缺乏体育运动有关。

 所以呀，大家得赶紧选一种合适的运动学起来。经常练习越野滑轮，不仅可以很好地锻炼心肺功能，还可以增强全身肌肉和核心力量，提升体力自然也就不在话下了。

二、耐力

 奇奇，你说奇怪不奇怪：校运会上，我100米跑了第一，1000米却跑了倒数第一……

 不奇怪啊，这说明你爆发力不错，但是耐力不行！

 难怪啊！我写作业时间长了也不行！

 得练耐力啊！像初二、高三的同学，课一上就是一整天，卷子一做就是大半天，坚持不下来可咋办？

 嗯，看来耐力真的很重要！

 你知道吗？耐力通常是指人们从事某项活动的耐久能力。著名生物学家童第周的父亲为了让他从小就明白耐力的重要性，能够更好地学习和做事，特意给他题了"滴水穿石"的字，来告诫童第周世界上没有穿不透的顽石，只有没有耐力的人。最终，他以顽强的耐力成就了自己的人生。

你看，越野滑轮的特点就是运动线路和时间都比较长，经过科学训练，如果能坚持下来，身体素质和意志品质都能得到锻炼！学习越野滑轮，对我们耐力的提升会有非常大的帮助！

 太好了！我要喊我的小伙伴们一起去练越野滑轮！

三、意志力

 奇奇，我听过关羽"千里走单骑""过五关斩六将"的故事，还有"开国元帅"刘伯承不打麻醉做眼部手术的故事。你说他们为啥那么勇敢呢？

 因为他们有强大的意志力！意志力是心理学中的一个概念，是指一个人自觉地确定目标，并根据目标来支配、调节自己的行动，克服各种困难，从而实现目标的品质。正如一些教育学家所言，对一个人来说，意志力的培养往往不是靠智力，而是靠体力。积极心理学研究发现，运动健身是意志力训练的绝佳途径。

 我听过叶乔波的故事，她曾经忍受着左膝盖两侧韧带和髌骨断裂的巨大痛苦坚持完成比赛，让医生都感到不可思议！中国冰雪界因此有了"乔波精神"，激励了无数运动员奋力拼搏！

这么说，学习越野滑轮也能锻炼意志力吧？

 没错！除了体力、耐力，练好越野滑轮是绝不能缺了意志力的。而且有研究人员发现，锻炼意志力与增强记忆力也有一定关系呢。

四、抗压力

 奇奇，我姐姐说她一个朋友好像抑郁了，这是咋回事呢？

 可能是抗压力不够。她要是练练体育可能会好一些。国外有一项研究显示：与不参与体育运动的同龄人相比，参与至少一项体育运动的青少年，抗压能力明显要高一些，白我调节能力、社交能力也明显要强。

 这个我相信。你看武大靖，在2018年平昌冬奥会短道速滑男子500米决赛中，以破世界纪录的成绩，获得中国代表团的首枚金牌。在该届比赛的前几日，中国队在多项比赛中遭遇了波折，不过在最后一个比赛日的短道速滑项目中，武大靖凭借自己绝对的实力以及出色的抗压能力，从始至终保持着领先优势，最终取得了如此优异的成绩。

嗯，对练体育的人来说，失败和挫折简直是家常便饭，所以抗压力就慢慢练出来了。有一句话说得特别好：如果你的身体没有感受过极限，你的灵魂就不会升华。我们在运动时所受的苦和累，身体都会记得，身体把这种记忆传导给心灵，抗压力就会越来越强大了。

五、平衡力

 奇奇，我最近有一个新发现：我们班文化课成绩优异的同学，有不少都很热爱体育运动！

 这不奇怪啊！冬奥会好多名将都是高才生呢，例如谷爱凌、羽生结弦、任子威、武大靖、周嘉鹰、叶劲光、陈楷零……之所以出现这种现象，除了因为他们在文化课上努力付出以外，还因为练体育可以极大地改善人体的平衡力。平衡是指人体所处的一种稳定的状态，平衡能力是指人体不论处在任何位置、运动状态或受到何种外力作用时，能自动调整并维持姿势的能力。平衡力不仅能帮助人们更好地控制身体，也能帮助大脑更好地理解空间关系！而很多学习任务都是需要良好的空间感的，比如学拼音、认生字、写汉字、列竖式、学几何等。

我还听说，平衡力和人的专注力、情绪、健康状况也紧密相关呢！如果平衡力不好，不仅很难专注学习，也容易不开心，甚至可能患上一些疾病。

 是啊，体育运动是提高平衡力最好的办法之一！

有一个故事告诉我们，即便身体有先天不足，但借助体育运动对意志的磨炼以及综合能力的培养，可以改善先天的状况。

故事分享

从心脏病患儿到单板滑雪之神，
肖恩·怀特告诉你什么叫"超越"

肖恩·怀特这个名字是天才少年、胜利的代名词。最初，因为在他腾空的时候一头红色卷发潇洒地飘扬，人们便开始称他"飞翔的番茄"。

在单板滑雪圈，肖恩完成的动作难度就是天花板。他还保持着夺得冬季项目金牌数和奖牌数最多的纪录（不限于奥运会）。看上去肖恩在赛场上风光无限，但其实小时候的他每天都活在死亡的边缘。

1986年，他出生在美国的一个普通家庭。从出生那一刻，命运就给他判了死缓——肖恩被查出患有先天性心脏血管畸形病。医生告诉他的父母，这样的孩子，只有很小的概率能够活到20岁。

童年时，肖恩一直在父母的担惊受怕中成长。仅仅5年的时间，他已经两次被送上了手术台进行大型的心脏手术，小小的身体插满了各种各样的管子。

尽管手术十分顺利，但医生依旧提醒肖恩·怀特的妈妈，孩子应当从此避免剧烈运动。

就这样一个高难度的人生开局，放谁身上都觉得，这孩子大概率是和运动无缘了吧。

但是很神奇的是，从病魔手中死里逃生的小肖恩，莫名其妙地跟着哥哥和爸爸喜欢上了运动，冲浪、橄榄球样样都能来，当然还有他最爱的滑雪，每次到雪场都不能自拔。

肖恩在6岁的时候开始接触单板滑雪。肖恩所居住的城市规定，12岁以下的孩子是不允许学习滑雪的，所以肖恩的爸爸罗杰便当起了肖恩的滑雪教练。可是罗杰本人也不会滑雪，于是父子俩便一起研究滑雪教程。谁都不会想到，肖恩未来会成为世界上最出色的单板滑雪运动员之一。

万事开头难，刚开始的学习让这个瘦小且身体素质并不好的他在训练场上吃尽了苦头，一次次地摔跤。没练多久，身上便多处受伤，娇小的手掌肿得像馒头一样。瘦细的胳膊胀得像小腿一样。父亲看着揪心和心痛，劝阻说，"咱们别练了，等以后长大再练吧"。

医生也建议说，他做过两次心脏大手术，要比常人得病的风险高很多，滑雪运动本身就充满惊险，对身体影响很大，所以他不适合练习这项运动。但一向热爱滑雪运动的肖恩，坚强地对父亲和医生说，"没事，我能行"。

功夫不负有心人，一年后，7岁的肖恩参加了业余滑雪比赛，并最终获得了胜利，还收到了人生第一份赞助合同。这次的胜利让他对未来充满了期望，更加坚定自己的信念，训练更加刻苦努力。正如他所说："我的目标只有一个，我要成为世界冠军。"

而后他用一个个奇迹证明他是地球上最勇敢的运动员。

他曾多次获得殊荣，包括2011年获得劳伦斯体育奖——最佳极限运动员奖提名，两次获得冬奥会冠军，先后收获10余枚破纪录金牌及多个世界冠军。

命运曾经把20岁判成了他的寿数，他却让世人在这一年见证了自己"雪神"的光芒。

体育就是这样伟大而奇妙：只要你愿意付出足够的努力，它会帮你打破一切世俗的偏见，让你超越极限、超越自己，把一切不可能变成可能！

青少年所要面对的未来无疑是美好的，

但同时又是时刻充满着竞争与挑战的，

体育运动有助于培养综合素质，

对孩子的未来而言，也是一种保障。

通过介绍，我们已经认识了这五种能力，

越野滑轮的优势可以帮助我们提升这些能力，

而且它还是一种健康、自然、环保的有氧运动方式，

所以我们赶紧去了解这项运动吧！

第二章
越野滑轮的装备与场地

第一节　越野滑轮装备

因为越野滑轮是由越野滑雪演变而来的，所以技术上同样分传统式和自由式，让我们先一起认识一下它的装备吧。

一、传统式滑轮和滑轮鞋

传统式滑轮通常轮子较宽，其目的是使运动员确保单脚滑行时的平衡，在滑行过程中起到稳定的作用，从而能更好地模拟传统滑雪技术。

传统式滑轮分为滚动轮和制动轮。滚动轮在滑行中可以前后转动，而制动轮只能朝滑行方向滚动，不能倒退，在滑行中起到

制动作用，模仿了雪上传统技术滑行中向后蹬动止滑的功能。

传统式滑轮鞋的鞋帮比自由式的鞋帮矮，在滑行过程中能够使脚踝前后蹬动更加自如，脚底前掌较为柔软。目前

专业运动员都穿着碳纤材质的滑轮鞋，其具有轻便、稳定和蹬动后回弹力较好的特点。

二、自由式滑轮和滑轮鞋

为方便使用蹬冰技术，自由式的越野滑轮板比传统式的短，轮通常为24毫米宽（类似于直列溜冰鞋上使用的轮），直径为100毫米，板的两个轮子都是自由滚动的。

自由式的滑轮鞋通常鞋帮比传统式的要高，能够在滑行过程中起到有效固定运动员脚踝的作用。尤其是在下坡转弯时，可以更好地辅助运动员移动重心保持稳定，以保证侧向蹬动时技术的运用。

三、滑轮杖

滑轮杖可在滑行中起到双臂撑动发力的作用。滑轮杖材质一般有铝合金、玻璃纤维、碳纤维等，竞技运动员使用碳纤维的比较多。这种材质的杖重量比较轻，而且在滑行过程中，独特的设计还会起到减少风阻的作用。

滑轮杖由握柄、杖身、杖尖、腕带组成。腕带可以根据使用者手形的大小进行调节。握柄是在滑行中撑杖发力时，身体和杖相结合发力的重要部分。杖尖撑在夯实的路面上，起到施加给地面力量的作用，从而使运动员能够整体发力。

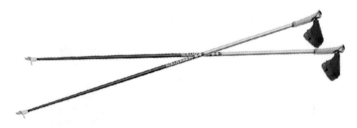

在传统技术比赛中，滑轮杖的最大长度不得超过运动员身高的83%。在自由技术比赛中，滑轮杖的最大长度不得超过运动员身高的100%。

扫码看视频

四、安全护具

为保障安全、防止受伤，越野滑轮运动员需要佩戴头盔、护目镜、手套、护膝、护肘等护具。

想学习越野滑轮的小伙伴们，要特别注意佩戴头盔和护目镜的重要性。

因为越野滑轮是在硬质路面上进行的，运动中速度比较快，如果不小心摔跤或者遇到意外的危险情况，头盔和护目镜可以起到保护作用。请小伙伴们务必重视。我们要坚持安全第一的原则，愉快地开展训练。

第二节 越野滑轮场地

开展越野滑轮运动所需条件并不高，其不受场地、季节的限制。

越野滑轮的日常训练可以在平坦光滑的硬质路面上进行，例如田径场地、柏油路、健身步道、自行车骑行道等。

滑行线路要尽量选择人流量少的地方，线路尽可能平整，同时要避开陡坡、急转弯和狭窄的地带。建议初学者在田径场地或空旷地带进行训练。训练时一定要遵循循序渐进的原则。

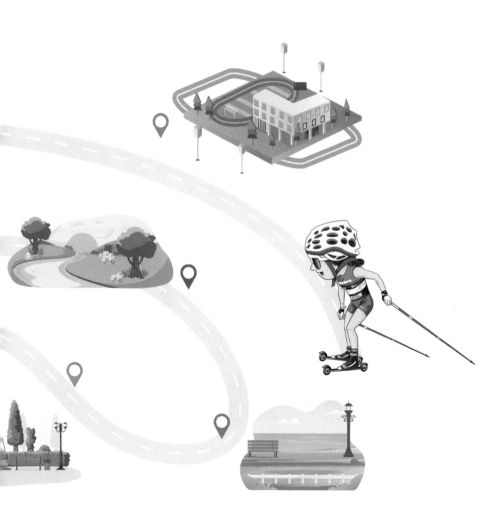

通过学习越野滑轮，

既可以提高运动技能，锻炼意志品质，

又能获得乐趣，释放焦虑紧张的情绪。

接下来与朋友们一起结伴去体验这项运动，

获得更强健的体魄吧！

要想获得好的休验，

掌握越野滑轮的技术最重要，走嘞！

第三章
越野滑轮的训练方式

第一节 越野滑轮的适应性练习

 奇奇，听你前面给我介绍的知识，

我想赶紧学起来，运动时一定很帅。

你别说，穿上装备真的挺像滑雪的。

 嘟嘟，你先别着急，

对于刚接触越野滑轮的初学者来说，

脚穿滑轮，手拿滑轮杖，

会有非常不适应的感觉。

为了尽快熟悉并学会使用滑轮和滑轮杖，

我们可以先做一些适应性的训练，

一共包含**五组练习**。

好耶～

五组适应性练习包括以下几点。

一、平行站立

脚穿滑轮，手持滑轮杖，正常站立。身体重心均匀地放在两脚之间，两杖放在两脚的外侧，保持身体平衡。需要注意的是，身体重心要略往前倾，放在两脚的前端部分，不要放在脚后端。

对于初学者，膝关节可以略微弯曲一点，这样可以保持身体稳定，如果重心放在后边，很容易摔倒。

二、原地踏步

在保持身体重心稳固、平行站立的前提下，两脚穿着的滑轮轮番抬起、放下，左右脚交替重复此动作。两杖可以放下不动，动作类似于原地踏步，以此来增加脚上穿轮做动作的适应性。

三、练习压腿

　　两杖放于身体的两侧，保持身体平衡，两脚滑轮可以轮换进行类似于体操弓箭步的压腿动作。左腿前压后，再替换成右腿，然后轮换反复练习。

　　也可以将两杖放在身体的前面，两脚滑轮进行侧压腿的体操动作，轮换并反复练习。这是越野滑轮非常好的身形训练动作。

四、练习跳跃

两手持杖放在身体的两侧，保持身体平衡，两脚滑轮同时向上跳起再落下，可以反复进行这组动作练习。

在初期训练时，一定要注意离地略高即可，体会这种动作的感觉。动作熟练后，可以跳得高些再落下，控制好脚踝关节以便保持身体平衡。这也是很好的练习方法。

五、原地转向

这组练习类似于踏步转弯动作，在穿轮原地站立的基础上，做原地的转向练习。

向右转时，右杖和右脚滑轮同时抬起，然后落下并转向一定角度，接着左脚滑轮和左杖抬起再跟上，右脚滑轮再继续进行。

每一组转向的角度不要过大，需要连续多次进行，反向踏步转弯方法同上。然后先抬动左脚左杖，冉让石脚右杖跟上，进行反复练习。

原地转向练习也是保持平衡、适应滑轮杖和滑轮的一个很好的练习方法。

通过这些适应性练习，对两杖和两轮的掌握和运用就有了比较熟悉和适应的感觉，然后再进行下一步技术动作的学习时就会相对容易一些。

第二节 传统滑行技术

现在正式进入越野滑轮学习阶段了，除了专业的示范动作演示，还有冠军现场教学视频呐。下面我们分别要掌握三类技术动作，即传统滑行技术动作和自由滑行技术动作，以及两种技术都适用的滑行动作。我们先来学习三种传统滑行技术。

一、同时推进滑行

 嘟嘟，第一种是同时推进滑行。

与其他滑行技术相比，其技术结构比较简单，

向前滑行主要是靠**腰腹及上肢力量用力推撑，**

初学者可以在平地及缓坡（4°～5°）进行学习和体会，

提高推撑与滑行两个阶段的连续性及节奏性，

进而完整掌握此技术。

对于没有接触过此项目的初学者而言，
先从陆地模仿练习入手是非常有必要的，
所以学习这些滑行技术之前都有此项练习，
经过从陆地转轮上的训练过程，
之后的学习就相对比较适应。

陆地模仿练习

同时推进滑行技术要求，双脚并列，平行站立，上体前倾，双膝微屈，双杖同时向后撑地推动，弯腰收腹，向前滑行。

这项技术的动力来自手臂和躯干，因此尽可能多地对滑轮杖施加压力是很重要的。它主要用于平坦地带和缓下坡地段。运用同时推进滑行技术可以充分发挥上肢和腰腹部的力量，产生较快的滑行速度，并在滑行中使腿部肌肉得到相对的放松。

- 身体自然站立，身体重心平均放在双脚上。
- 两臂带杖向前摆动时，身体重心应放在两脚的前部。
- 上体下压，两臂后推，超过身体重心垂直线时，身体重心应放在脚的后部。

扫码看视频

二、跨一步同时推进滑行

嘟嘟，传统滑行技术中的第一种动作已经教完，
但是你的动作还是有些小毛病，
专业的动作分解和冠军的现场教学
你一定要反复观看，平常多练习哟。
下面我们学习第二种动作——
跨一步同时推进滑行。
这种滑行是在同时推进滑行
的基础上，
推撑加一次蹬动。
这就形成了推撑与蹬动两种
推进力量，
从而**起到加速的作用**。

懂了，也就是说第二种动作
又加上了蹬动。

陆地模仿练习

　　跨一步同时推进滑行是由一个单蹬步加双杖同时推进配合的滑行技术，主要应用于缓上坡或缓下坡地带。

　　在双脚滑行的基础上，可在双杖向前摆动的同时，配合一条腿加力蹬动。身体重心转换至另一侧腿后开始压杖后推，在双板平行滑进时，用双杖下压合力后推使身体向前滑行。

073

● 摆腿和蹬动前身体重心放在蹬动脚上，如果重心没有放在一只脚上，则无法完成蹬动与向前摆动滑行。

● 两杖随上体下压后推撑杖与向前出腿同时进行，与此同时完成后腿蹬动动作。

扫码看视频

三、二步交替滑行

 嘟嘟，目前已经学完传统滑行技术的前两种——

同时推进滑行与跨一步同时推进滑行。

为了巩固知识点，

作为初学者，你要记住三个关键字——**推、撑、蹬**，

推、撑体现在第一种技术同时推进滑行中，

向前滑进主要就是靠这两种技法。

跨一步同时推进滑行是在同

时推进滑行的基础上，

推撑加一次蹬动，这样就起

到**加速**的作用了。

 嗯嗯，这样说我就比较容易

理解了。

 下面我们来学习第三种

动作——

二步交替滑行。

陆地模仿练习

二步交替滑行是指双腿与双臂各做两次蹬动及撑杖动作，从而形成的周期性滑行技术。这种技术主要用于上坡滑行时。

动作要领是上体前倾，单侧手臂持杖前摆，对侧手臂向斜下方撑杖的同时，支撑腿用力向下后方蹬动。

动作要领

摆动腿前移，落脚瞬间完成身体重心转换，对侧的手臂带杖前摆，蹬动腿后摆，呈单脚支撑，并准备开始下一个动作的循环。

- 在学习二步交替滑行技术初期，避免出现"顺拐"现象。

- 避免下巴、膝盖、脚趾不在一条线上。

- 避免出现滑轮向前出腿后没有直线前进，而是朝向两侧。

扫码看视频

传统滑行技术的三种动作总算掌握了，

你别说，在专业教练的指导下学习，

避免了不少的错误动作，也学会了纠正方法。

经过专业培训就是不

一样！

赶紧摆个造型自拍一张，

发到朋友圈去。

他们一定会羡慕我的，

除了冬季，其他季节也能

玩得这么精彩！

 我们只是刚学完传统滑行技术，

还有自由滑行技术呢。

你现在只是会滑了，但距离熟练运用还差不少，

所以平常多多体会和练习是必须做的。

下面我们就进入自由滑行技术的学习阶段了。

第三节 自由滑行技术

一、徒手蹬冰滑行

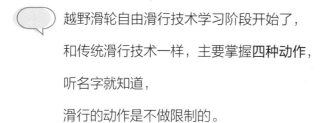 越野滑轮自由滑行技术学习阶段开始了，

和传统滑行技术一样，主要掌握**四种动作**，

听名字就知道，

滑行的动作是不做限制的。

这个我喜欢!

我是不是就可以采取任何姿势，随便滑呢?

字面上是可以这么理解的，

但其实它是很有技术含量的。

我们先从徒手蹬冰滑行学起，

你感受一下。

陆地模仿练习

1

2

3

4

徒手蹬冰滑行技术一般在滑行速度较快，撑杖已不能用上力，还要继续加速时使用。

083

徒手蹬冰滑行时的滑轮杖可随两臂前后摆动或夹在腋下，利用腿部快速蹬动，配合摆臂和身体前冲惯性的合力，来加快滑行速度，这种技术动作与滑冰很相似。

● 避免出现单腿支撑滑行时间短，以至于没有身体重心移换的情况。

● 避免出现支撑腿侧压蹬动及摆动腿滑行，与两臂摆动动作不同步的现象。

扫码看视频

二、单步双撑杖技术（一步一杖技术）

 嘟嘟，徒手蹬冰滑行动作感觉如何？

它可是各种自由滑行技术的基础，

熟练掌握后，再练其他滑行技术就容易多了。

我们马上要接触的是第二种滑行动作——

单步双撑杖技术（一步一杖技术）。

它是自由技术中应用**最多**、

速度快、频率高的滑行动作。

这种滑行方法是在徒手蹬冰滑行的基础上，

加上了两杖同时推撑的滑行技术。

 太好了，又能体会加速度的感觉啦！

陆地模仿练习

单步双撑杖技术是自由滑行技术中最重要的基础动作。该技术主要用于平地和缓上坡地带。

该项技术的主要特点是每一个单脚蹬动步配合一次双撑杖滑行，可充分利用单脚蹬动力、双杖后撑和体重的惯性合力加快滑行速度，并可达到滑行动作的最快频率。

- 要保持身体重心、下巴、膝盖、脚趾在一条线上。
- 防止两杖下压撑杖动作脱节，没有同步整体完成。

扫码看视频

三、两步双撑杖技术（平地二步一杖技术）

嘟嘟，没错吧，学完徒手蹬冰滑行动作之后，

一步一杖滑行技术掌握起来就比较快吧。

下面我们来学习自由滑行技术的第三种动作——

两步双撑杖技术（平地二步一杖技术）。

这项滑行技术在两腿的蹬动和两杖后撑过程中，

可以将身体重心的惯性力充分运用到加速滑行中，

因而可有效地达到**最快的滑行速度**。

这次可要真正体会"速度与激情"啦！

陆地模仿练习

动作
要领

这项滑行技术是在一只脚蹬动时两杖前摆，另一只脚蹬动并且两杖向后压推的同时，让身体向前滑行。该项技术主要应用于滑行线路宽阔平坦的平地或缓下坡地带。

在两腿蹬动和两杖后撑过程中，可以将身体重心的惯性力，充分运用到加速滑行中，因而可有效地达到最快的滑行速度。

划重点

- 将滑轮杖插在双脚外侧，避免滑轮和杖发生碰撞。
- 避免身体重心左右移动过大，导致身体重心不稳。

冠军
教学时间
〈平地二步一杖技术〉

扫码看视频

四、两步双撑杖技术（上坡二步一杖技术）

奇奇，那遇到上坡应该怎么滑呢？

下面我们就要学习这种技术。你仔细观察它像人们劳作中的什么场景。

陆地模仿练习

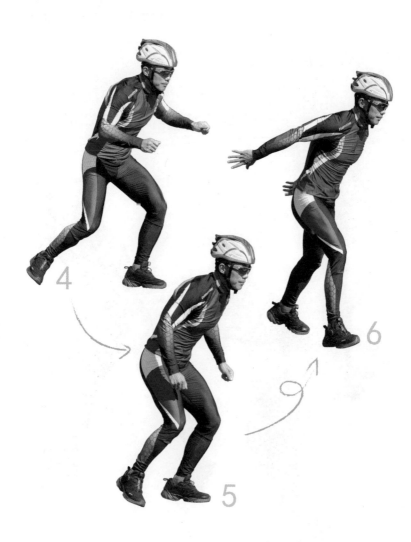

　　这项技术对滑轮杖作用的要求更高，即撑杖时间要长，力量要大，坡度越陡越是如此。

　　第一步蹬动时上体前移插杖，第二步蹬动时撑杖，坡度越陡频率越快。

- 利用蹬动脚蹬动，另一只脚前滑落地的同时，两杖落地向后推动。

- 杖后撑和后脚前摆同时进行。

- 因为是上坡滑行，摆动腿向前滑行落地后，马上开始下一动作循环。

扫码看视频

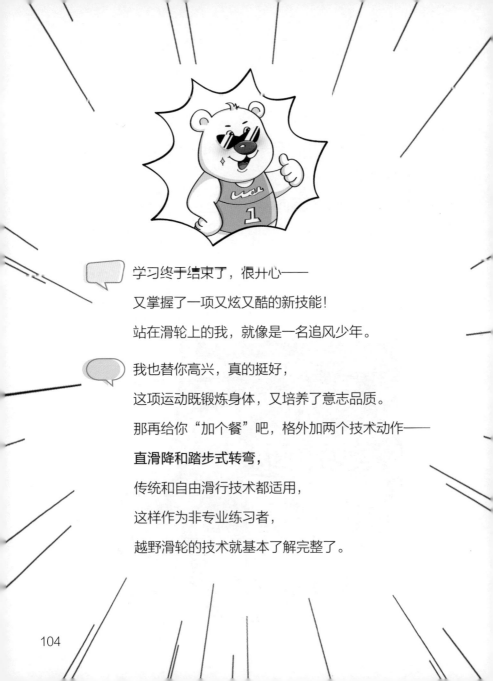

学习终于结束了，很卅心——

又掌握了一项又炫又酷的新技能！

站在滑轮上的我，就像是一名追风少年。

我也替你高兴，真的挺好，

这项运动既锻炼身体，又培养了意志品质。

那再给你"加个餐"吧，格外加两个技术动作——

直滑降和踏步式转弯，

传统和自由滑行技术都适用，

这样作为非专业练习者，

越野滑轮的技术就基本了解完整了。

第四节　直滑降技术与踏步式转弯技术

一、直滑降技术

 嘟嘟，我们先学习直滑降技术，

当你下坡滑行时，

在线路平坦宽阔、视野良好的地带，

就可以选择直滑降技术。

 噢，我在越野滑雪中就用这个技术。

 是的，因为越野滑轮是由越野滑雪演变来的，

所以技术是通用的！

动作要领

滑降时，腿部弯曲在150度左右，上体前倾，后背与地面平行，两杖夹在腋下，两肘靠近膝关节，身体重心放在脚的后部，整个身体重心降低，抬头目视前方，最大限度减少风阻。

二、踏步式转弯技术

一旦遇到转弯的地方，该用什么技术呢？

那就要用到这种叫踏步式转弯的技术了。

陆地模仿练习

踏步式转弯是利用两腿交替蹬动与踏步转换，再配合两杖的撑动进行转弯的滑行技术。

动作要领

　　这项技术主要在平坦地带或速度可控的下坡地带，为改变滑行方向时采用，并且可以在转弯时，利用蹬动和撑杖加速滑行。这也是越野滑轮最常用的转弯技术动作。

奇奇，太开心啦，

九种技术动作顺利学完了。

在专业老师的指导下，

既有理论又有实践，我受益匪浅呐！

真替你高兴，又多了一项亲近大自然的炫酷运动。

嘟嘟，下面我需要提醒你一下，

作为初学者，初步掌握技术后，刚开始会很痴迷，

往往很容易忽视自身的安全，

安全方面的知识也是非常有必要了解的，

所以下一个环节就介绍这方面的内容啦。

第四章
越野滑轮的安全防护

一、检查器材及护具

 嘟嘟，能看出你越来越喜欢这项运动了，

但对于越野滑轮的安全防护，

作为初学者是必须高度重视的。

越野滑轮运动是一项"勇敢者的运动"，

它能体坝出"速度与激情"的特色，

同时也给人们带来刺激的精神享受。

当初学者痴迷地追求与参与的时候，

往往很容易忽视自身的安全。

现在就来讲解一些切实可行的措施，

让大家玩得既开心又安全。

 嗯嗯，这个必须有！

1

滑轮、滑轮鞋、滑轮杖

2

头盔、护目镜

手套……

场地

3

1. 检查器材

2. 检查护具

3. 检查场地

二、安全摔倒的前提

 检查完器材和护具，在确认无误的情况下，

你知道下一步需要做什么吗？

初学越野滑轮时，每个人都难免会摔倒，

有时候其实应该主动摔倒，

这样以摔倒的方式分解冲力，

可以避免撞击，化解险情。

所以下面我们应该了解在什么情况下，

需要使用安全摔倒技术。

好的，明白了，

原来摔倒还挺有讲究的呀！

对于越野滑轮初学者来说，当出现这些情况时，应该使用安全摔倒技术，以确保自身与他人的安全。

4.
前方无法
通过时

（如遇到沟、障碍物等）

5.
发生无法应
对的意外时

what!?

三、安全摔倒的注意事项

进行越野滑轮运动时，如不慎摔倒，要有一定的自我保护意识，当要向前或向侧摔倒时，尽量主动屈膝下蹲，用双手撑地缓冲。

当要向后摔倒时，也要主动屈膝下蹲，降低重心，尽量让臀部先着地，注意保护尾骨处，同时低头团身，避免头部向后仰受到撞击。

摔倒时避免直臂单手撑地，这样很容易损伤手腕。摔倒后，不要刻意挣扎，要避免翻滚，且不要盲目乱动。

四、摔倒后的站起

掌握安全摔倒的注意事项后，下一步就要了解摔倒后如何站起。摔倒后，不要慌乱，滑轮没有停止前不要乱动。

首先感受身体有无严重受伤。如果没有明显异常，要尝试调整体位，将双脚滑轮平行放置并斜侧于地面，并把双脚滑轮收至臀下，让滑轮鞋顶住地面不再滑动，然后用手或者滑轮杖支撑身体，使得身体迅速平稳站立。

知识链接

作为初学者需要掌握的越野滑轮的知识和技术你已经学会了，前面提到过，还有个项目也有越野滑雪的影子，越野滑轮的技术也适用于它！

冬季两项——现实版的"雪地枪战"

下面就介绍这种滑着滑着就举起枪来的项目。冬奥会雪上项目中它是最帅的一项。

越野滑雪+射击

1.历史演变

你知道吗？这项将"动"和"静"发挥到极致的竞赛项目，最早起源于斯堪的纳维亚半岛，由远古时代的滑雪狩猎演变而来。

　　斯堪的纳维亚半岛由于地理原因常年被冰雪覆盖，自古以来滑雪就是该地区的日常交通手段，因而形成了该地区的滑雪传统。

　　在古代，居住在斯堪的纳维亚半岛的人们需要滑雪才能出去打猎。随着时间的推移，这项狩猎活动也就演变成一种运动。

　　据梳理，在挪威、瑞典和芬兰等北欧国家的一些约4000多年前的石制雕刻品中，就刻有两人足蹬滑雪板，手持棍棒在雪地里追捕动物的情景。从中世纪以后，手持的棍棒变成了弓箭，进而变成手持枪械。这就是冬季两项的雏形，后逐渐被纳入军事训练科目当中。

　　1767年，守卫在挪威与瑞典边界的挪威边防军巡逻队，举办了第一次滑雪和射击比赛，规定滑完全程，滑行途中用步枪射击40～50步远的靶标，成绩最优者可得到价值相当于20克朗的奖品。据记载这可能是世界上最早的冬季两项比赛。

1912年，挪威军队在奥斯陆举行了名为"为了战争"的"滑雪+射击"比赛。此后，冬季两项逐渐在欧美国家展开，成为一种体育运动项目。

1924年，首届冬奥会出现了名为"军事巡逻"（Military Patrol）的男子表演项目，这被认为是冬季两项的前身。1958年，第一届世界现代冬季两项锦标赛举行。1960年，冬季两项被列为冬奥会比赛项目，并定名为现代冬季两项。

冬季两项的最高组织机构为国际冬季两项联盟（IBU），成立于1993年，总部设在奥地利。

1960年，我国冬季两项运动首先在解放军滑雪队中开展。在1980年全国滑雪比赛中，冬季两项被正式列为比赛项目。1980年，我国冬季两项运动员首次登上冬奥会舞台。

2.比赛规则

冬季两项运动员要背着3.5公斤重的小口径运动步枪滑行，在完成越野滑雪的过程中还要进行射击。

这要求运动员要有迅速"由动转静"和"由静转动"的两种能力，最终滑雪冲刺到终点。

比赛时，运动员要按规定的方向和顺序滑完全程，其间每滑行一段距离进行一次射击。

射击有卧射和立射两种姿势。靶台的前沿与靶标之间距离为50米，卧射靶环直径4.5厘米，立射靶环直径11厘米。

卧姿

站姿

冬季两项场地是经过特殊设计的，一段雪道结束处连接靶场，运动员按规则交替滑雪和射击，最先完成赛程者获得胜利。

冬季两项比赛的难点在于滑雪与射击之间的切换，想拿好成绩，既要滑得快，同时还得快速平复心态，把枪端稳了。

结束一段越野滑雪后气喘吁吁，心跳怦怦，全身热血沸腾，这时身体和头脑必须迅速冷静下来。

端起枪透过呼出的热气，瞄准、射击、命中靶心！

如果脱靶的话，就会有惩罚，有的项目是计算成绩时会多算时间，有的是要求多滑一圈。

3. 比赛装备

冬季两项装备有滑雪服、滑雪帽、滑雪手套、滑雪镜、滑雪鞋、滑雪板、滑雪杖、子弹、射击专用枪。

　　冬季两项的特殊装备是枪。冬季两项运动员使用专用的5.6毫米小口径步枪，枪支的弹夹里装有5发特制运动长弹。

　　国内各专业队使用的基本都是从德国进口的专业运动步枪。这些枪的弹道平直、精度很高，重量一般不低于3.5公斤，是冬季两项运动员们的宝贝。

　　需要了解的是，比赛前1小时运动员要在靶场进行校枪，比赛前15分钟时停止校枪。为了安全起见，运动员每次射击结束后，应迅速离开靶位，在下一次到达靶位之后取出空弹夹，重新换上一组带有5发子弹的弹夹进行射击。

　　最后一次射击后，运动员可以将空弹夹留在枪内，但在到达终点后，裁判员要进行枪支检查，取走枪上的备用弹。运动员如违反以上比赛规则将被取消比赛成绩。

东北抗联"滑雪队"出奇制胜

故事分享

在2022年北京冬奥会上，大家认识了一位"天才滑雪少年"苏翊鸣，他的成长故事也被很多人知晓。

其实，在成为一名专业滑雪运动员之前，苏翊鸣还是一位小有名气的演艺人士。在电影《智取威虎山》中，小时候的他出演了一名滑雪本领高强的小战士——小栓子。而这段关于小栓子的电影情节，就展现了当时东北抗日联军（简称东北抗联）部队作战的一项重要技能——滑雪。在80多年前的东北抗联战场上，有这样一支"滑雪队"，他们自制雪具，从零学起，驰骋林海雪原打击敌人。

我国东北地区每年冰冻期长，一些地方气温低至零下三四十摄氏度。冬天草木枯萎、大雪覆地，抗联部队的隐蔽性大大降低，战士们难以藏身，一旦被敌人发现难以脱身。当时，受猎人脚穿滑雪板追赶野兽的启发，东北抗联第七军决定建立一支快速机动的滑雪小分队。在战士们的不断研究下，自制滑雪板，成立了"板子队"。

训练初期，战士们一次次跌倒又一次次爬起。经过苦练，他们终于可以在雪地上自由滑行了，而且还学会了在滑行中射击。踏着滑雪板，撑着木棍，战士们便可以在雪山中"飞"走，用来追击敌人，很是便利。自从充分利用了滑雪板这一利器，熟练掌握滑雪技巧后，战士们如虎添翼，敌我形势为之一变。整个冬天，东北抗联在胜利中度过。抗日战争结束后，我军部队在东北地区仍然保留了滑雪这一"传统优势项目"。

时至今日，由于特别适合特种部队在雪原中高速机动、渗透突袭，滑雪仍是我军在严寒地区冬季训练的重要项目。

知识链接

越野滑轮可以代替越野滑雪，那么射击与越野滑轮的结合就变成了陆上冬季两项。

其实，越野滑轮一样也可以那么帅！

"滑轮＋激光枪射击"：
陆上冬季两项一样炫酷

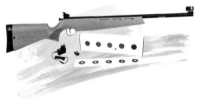

"滑轮＋激光枪射击"项目脱胎于冬季两项，是冬季两项滑雪运动在夏季的辅助训练项目，将冬季运动项目延伸至夏季，可以突破季节的限制，更好地进行实战训练。

冬季两项专用激光枪不受场地和安全性等限制，作为该项目的辅助训练器材，适用于10米距离，使冬季两项运动可以得到更好的推广和普及。

激光枪与实弹枪支的配置相比，举枪感觉十分相似，并且很多配件可以与实际枪支通用。

　　"滑轮＋激光枪射击"这个形式比较有趣味性，适用于所有年龄层的人。它能将观众与这项运动的距离拉近，且便于体验。利用滑轮和射击类体感设备，更多人可以亲身感受冬季两项运动的魅力。

射箭运动是体育文化中的瑰宝，许多国家都曾经将弓箭作为狩猎求生及战争的工具来使用，中华民族更对这项运动进行了伟大创新，为其注入了中华文明所特有的文化色彩。

"滑轮+射箭"：
在健身运动中彰显中华传统文化魅力

在我国阿勒泰地区，每年1月16日都要举行古老的毛皮滑雪板比赛，这是对一万多年前人类滑雪起源地传统项目的延续，也是对人类伟大体育精神的弘扬。

阿勒泰的毛皮滑雪板比赛包括毛皮滑雪板滑行和射箭两项内容，被称为"古老的冬季两项"，是现阶段越野滑雪、冬季两项运动的雏形。

　　同时，"毛皮滑雪板＋射箭"的古老组合，也给予人们新的灵感——在滑轮运动中加入射箭环节，创造一项不受季节影响的新的"两项"运动，使冬季两项又增加了一些不同的训练手段。规则方面则可以参照冬季两项。

　　"滑轮＋射箭"不仅老少皆宜，而且不受季节和场地的限制，是对阿勒泰古老毛皮滑雪板比赛的传承，也是对传统冬季两项运动的发展，并且可以提高人们学习冬季两项的积极性和参与性。

第五章

越野滑轮竞赛组织与竞赛项目

第一节　越野滑轮竞赛组织

一、竞赛的意义与目标

你知道吗，我们国家现在非常重视滑轮运动，

在北京冬奥会的带动和影响下，

全民冰雪运动呈现出了良好的发展势头。

对于青少年群体来说，北京冬奥会的成功举办，

更燃起了他们对冰雪运动的兴趣。

后冬奥时代，

"冰雪运动进校园"活动在如火如荼地推进中，

其中，越野滑轮就成为主力军之一。

同时各地也催生出一系列青少年越野滑轮的比赛。

下面我们一起了解一下如何规范地举办体育竞赛，

先从体育竞赛的意义与目标讲起，

这自然也是越野滑轮竞赛的意义与目标。

1.竞赛的意义

① 通过运动竞赛，可以宣传体育运动，吸引和鼓舞人们参加体育锻炼，推动群众性体育运动的开展。

② 可以帮助检查教学和训练工作质量，有利于总结交流经验，促进运动水平的提高。

③ 使观众受到高尚体育精神的熏陶与激励，提升品位，增添乐趣，丰富和活跃业余文化生活。

④ 通过运动竞赛还可加强国内各族人民的团结，增进与世界各国人民之间的了解和友谊。

2.竞赛的目标

体育竞赛组织的根本目标是建立公平、公正、公开的竞争机制，为运动员提供展示运动技术水平的平台，促进体育竞技水平的提高。

为了保障竞赛的顺利进行，要进行科学的统筹策划，对每个竞赛单元进行科学的、严谨的部署安排。

二、竞赛组织单位

1.主办单位的职责

主办单位要全面统筹竞赛组织与管理，负责确认开闭幕式事宜、竞赛的时间及地点，制定竞赛规程，确认参赛运动员、裁判员、竞赛官员、新闻媒体等的具体安排。

2.承办单位的职责

承办单位在主办单位的指导下，负责具体竞赛工作的部署、实施。例如，负责前期报名报项、资格审核，制定竞赛秩序册、成绩册，主持颁奖仪式等工作。

3.竞赛组织机构设置

竞赛组织机构一般设置组织委员会，简称组委会。组委会下设各职能部（处、室、组），各部（处、室、组）独立开展工作，各司其职。

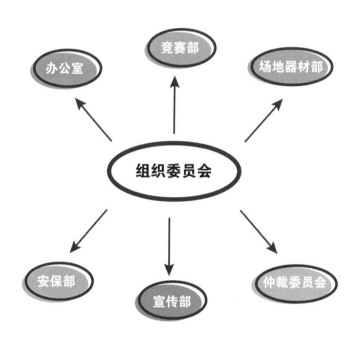

越野滑轮竞赛组织机构设置

第二节　越野滑轮竞赛项目设置

关于竞赛项目的设置，专业竞赛和大众竞赛是有区别的，对于普及性的滑轮比赛来说，是没有固定模式的，要因地制宜，根据具体情况灵活处理。

比如像青少年这个群体，可根据学生的年龄、训练水平以及场地情况设置项目，难度不超过学生的适应能力、掌握能力。场地要封闭，不受外界干扰，在确保安全的前提下进行竞赛。

组织竞赛的目的是更好地促进这项运动的开展，同时提高大众参与这项运动的积极性。

以下为可供参考的竞赛项目设置。

一、根据竞赛地点划分

❶ 场地竞赛

★ 个人赛

男子：200米（传统）、400米（自由），15秒或30秒间隔出发。

女子：200米（传统）、400米（自由），15秒或30秒间隔出发。

★ 短距离赛

男子、女子：资格赛（传统/自由），15秒或30秒间隔出发。

男子、女子：小组赛、半决赛、决赛（传统/自由），同时出发。

❷ 柏油路竞赛

★ 个人赛

男子：1.5千米（传统/自由），15秒或30秒间隔出发。

女子：2千米（传统/自由），15秒或30秒间隔出发。

★ 集体出发赛

男子：5千米（传统/自由），集体出发。

女子：3千米（传统/自由），集体出发。

男子：15千米（传统/自由），集体出发。

女子：10千米（传统/自由），集体出发。

二、根据年龄段、专业化程度划分

❶ 年龄组别

★ **少年组：** 14岁及以下；

★ **青年组：** 15～19岁；

★ **成年组：** 20～35岁；

★ **中年组：** 36～50岁；

★ **老年组：** 51岁以上。

❷ 专业化程度组别

★ **专业组：** 在职业体育运动院校或职业体育运动队学习、训练过，以及参加过职业化、系统化训练的专业运动员。

★ **业余组：** 除专业运动员之外的运动人士。

第三节 越野滑轮竞赛裁判岗位与职责

一、越野滑轮竞赛裁判设置

依据竞赛岗位和责任分工不同，可将越野滑轮竞赛裁判岗位划分为技术代表、竞赛长、竞赛秘书、场地主管、线路长、计时主管、成绩计算长、竞赛编排长、检录长、发令员、宣告员及其他竞赛官员等。

二、越野滑轮竞赛裁判岗位介绍

❶ 技术代表

主要职责是保证竞赛专业、公正、公平、安全。

❷ 竞赛长

负责统筹竞赛组织工作，部署安排全体裁判员、各裁判组相关工作，保证竞赛按照竞赛规程认真执行，确保竞赛秉承公平、公正、公开的原则。

❸ 竞赛秘书

向竞赛长汇报，协助竞赛长开展相关竞赛工作，负责与竞赛有关的工作，包括：准备所有竞赛所需的运动员出发、成绩记录计算，以及竞赛线路记录、违规记录表格；组织领队会，做好领队会会议纪要；将抗议事宜立即上报到仲裁委员会等工作。

❹ 场地主管

负责竞赛场地工作，包括竞赛场地、起点、终点等场地布置安排工作。

❺ 线路长

负责竞赛线路工作，保障竞赛线路的通畅、安全、无障碍，以及相关线路工作部署。

❻ 计时主管

负责监督竞赛的电子计时、手动计时成绩与统计时长工作。

❼ 成绩计算长

负责竞赛成绩的计算、核准、统筹、发布等工作。

❽ 竞赛编排长

负责运动员参赛的编排工作。竞赛之前，根据竞赛规则，将参赛运动员依据参赛的组别、年龄等进行划分，制作各组别的出发顺序。

⑨ 检录长

负责检录处工作。在竞赛之前，检录长做好赛前运动员检录的准备事宜和所需表格。

⑩ 发令员

负责竞赛发令工作，保证参赛运动员是在公正的出发条件下进行公平竞赛。

⑪ 宣告员

负责竞赛的宣传工作，包括赛前宣传、赛中实时播报非正式成绩、赛后播报官方正式成绩等工作。

⑫ 其他竞赛官员

医务官员：负责一切医务和竞赛急救工作。

新闻官员：负责与各新闻媒体的沟通、联络、统筹、协调等相关媒体工作。

第四节　中小学教学组织竞赛注意事项

为增加越野滑轮教学的趣味性，提高训练水平，建议在教学过程中，组织学员进行阶段性训练比赛。

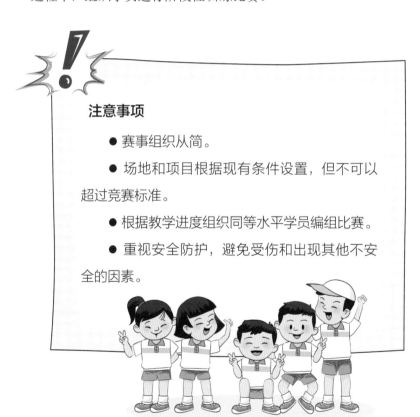

注意事项

● 赛事组织从简。

● 场地和项目根据现有条件设置，但不可以超过竞赛标准。

● 根据教学进度组织同等水平学员编组比赛。

● 重视安全防护，避免受伤和出现其他不安全的因素。

嘟嘟，你知道吗，越野滑雪和越野滑轮在城市里也能欣赏到，我们可以近距离地享受冰雪运动的魅力。下面我给你普及一下相关知识，先给你介绍一个必须知道的国际滑雪组织。

国际雪联

知识链接

国际雪联的前身是1910年成立的国际滑雪委员会，在1924年正式重组更名为国际滑雪联合会。国际滑雪联合会是国际奥委会承认的国际单项体育组织，是国际体育联合会总会成员，总部设在瑞士伯尔尼。

同年，在国际雪联的积极推动下，北欧滑雪项目（起源于挪威、丹麦、瑞典等斯堪的纳维亚半岛国家）正式加入冬奥会比赛，滑雪运动第一次站上国际竞技体育的舞台。自此以后，开始大范围发展。

我国滑雪协会于1979年被国际滑雪联合会理事会接纳入会。

国际雪联的职责包括以下几点。

① 促进滑雪运动的发展并把握其方向，在协会会员间及各国运动员之间建立和保持友好关系，在其能力所及的范围内支持协会会员实现其目标。

② 组织世界滑雪锦标赛、世界杯、大洲杯赛以及联合会批准的其他比赛，制定并监督规则的执行，作为终审机关处理与联合会比赛及规则有关的抗议与法律问题。

③ 促进以增进健康为目的的娱乐滑雪，采取国际滑雪联合会会标各种措施，避免事故发生，保护环境。

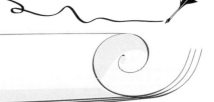

"雪上马拉松"滑进城市街道

为了最大程度地推广和普及滑雪运动，20世纪90年代，国际雪联将越野滑雪赛事搬到了城市里，每年在各国有地标性建筑的城市举办。在城市街边的咖啡店，一边喝着咖啡，一边观赏窗外街道上的越野滑雪比赛，这样的场景在欧洲冰雪国家并不罕见。

将雪道铺设在城市道路上，如今我国老百姓也享受到了这样的"冰雪体验"。国际雪联城市越野滑雪中国巡回赛，自2018年3月在延安首次举办以来，已经连续在北京鸟巢、首钢、延庆，以及天津、杭州、上海举办，获得了国际奥委会和国际雪联的高度认可。

2018年3月16日，斯威克斯·延安国际雪联中国城市越野滑雪积分大奖赛暨全国滑轮推广系列活动举办的城市越野滑雪积分大奖赛在我国是一项全新冰雪赛事，利用城市街道，临时铺设1.2 ~ 1.8公里的赛道，可使民众在城市内近距离观看比赛，感受项目激情。同时这类赛事利用先进的囤雪技术，当天铺设当天即可比赛，摆脱了雪上运动受地域和季节影响的局限。

城市越野滑雪积分大奖赛是一项极具观赏性和趣味性的项目，赛事的举办对向世界宣传城市多彩文化、展示城市魅力有助推作用，并极大地促进了冰雪产业和旅游产业的相互融合。

滑轮世界杯首次来到北京：
盛夏一样可以"越野滑雪"

"以这种方式在北京奥林匹克森林公园里遛遛，能在夏天过把滑雪的瘾，找一找滑雪的感觉！"这是参加了滑轮世界杯体验活动的健身达人的感受。

2019年7月，在北京奥林匹克公园庆典广场举行了国际雪联中国北京滑轮世界杯，这是滑轮世界杯第一次来到我国，让不少人领略了盛夏日子里"越野滑雪"的乐趣。

滑轮世界杯赛道设计等内容类似于越野滑雪，比赛的内容也有相似之处，这几乎就是一个在夏天进行的冬季雪上赛事。这种新鲜的体验，让广大市民近距离了解和参与了滑轮运动，并享受到了这项运动带来的健康和快乐。